T0193310

essentials

essentials liefern aktuelles Wissen in konzentrierter Form. Die Essenz dessen, worauf es als „State-of-the-Art" in der gegenwärtigen Fachdiskussion oder in der Praxis ankommt. *essentials* informieren schnell, unkompliziert und verständlich

- als Einführung in ein aktuelles Thema aus Ihrem Fachgebiet
- als Einstieg in ein für Sie noch unbekanntes Themenfeld
- als Einblick, um zum Thema mitreden zu können

Die Bücher in elektronischer und gedruckter Form bringen das Fachwissen von Springerautor*innen kompakt zur Darstellung. Sie sind besonders für die Nutzung als eBook auf Tablet-PCs, eBook-Readern und Smartphones geeignet. *essentials* sind Wissensbausteine aus den Wirtschafts-, Sozial- und Geisteswissenschaften, aus Technik und Naturwissenschaften sowie aus Medizin, Psychologie und Gesundheitsberufen. Von renommierten Autor*innen aller Springer-Verlagsmarken.

Andrea Amerland ·
Michaela Paefgen-Laß · Annette Speck

Best of springerprofessional.de: Management + Führung

Springer Gabler

Andrea Amerland
Wiesbaden, Deutschland

Michaela Paefgen-Laß
Budenheim, Deutschland

Annette Speck
Berlin, Deutschland

ISSN 2197-6708   ISSN 2197-6716   (electronic)
essentials
ISBN 978-3-658-39461-5   ISBN 978-3-658-39462-2   (eBook)
https://doi.org/10.1007/978-3-658-39462-2

Die Deutsche Nationalbibliothek verzeichnet diese Publikation in der Deutschen Nationalbibliografie; detaillierte bibliografische Daten sind im Internet über http://dnb.d-nb.de abrufbar.

Planung/Lektorat: Guido Notthoff
Springer Gabler ist ein Imprint der eingetragenen Gesellschaft Springer Fachmedien Wiesbaden GmbH und ist ein Teil von Springer Nature.
Die Anschrift der Gesellschaft ist: Abraham-Lincoln-Str. 46, 65189 Wiesbaden, Germany

Was Sie in diesem *essential* finden können

- Spannende Berichte zum Status quo der Führungskompetenz in Unternehmen
- Einblicke in das Anforderungsprofil von Führungskräften der Zukunft
- Untersuchungskonzepte zur Produktivität der Arbeit im Homeoffice
- Trends im Business Dresscode

Vorwort

Die Redaktion unseres Wissensportals springerprofessional.de beobachtet aktuelle Entwicklungen und Trends in zehn Fachgebieten aus Wirtschaft und Technik. Die Kolleg*innen ordnen die aktuellen Ereignisse ein und erläutern die Hintergründe. In diesem *essentials* haben wir für Sie Online-Beiträge aus dem Themenbereich ‚Management + Führung' zusammengefasst, die von unseren mehr als 300.000 Nutzern besonders häufig gelesen wurden und damit über den Tag hinaus Bedeutung haben. Damit sind diese Artikel Trendbarometer für künftige Entwicklungen.

Ich wünsche Ihnen einen hohen Erkenntnisgewinn und auch ein bisschen Spaß beim Lesen

Stefanie Burgmaier
Geschäftsführerin Springer Fachmedien Wiesbaden GmbH

Inhaltsverzeichnis

Über die Autoren

Andrea Amerland arbeitet seit März 2012 bei springerprofessional.de. Als Redakteurin verantwortete sie zunächst die Ressorts Marketing sowie PR & Medien. Aktuell betreut sie das Fachgebiet Management+ Führung. Zuvor war sie als (Online-)Redakteurin im öffentlich-rechtlichen Rundfunk, in der Unternehmenskommunikation sowie in einer Internetagentur tätig. Sie hat Germanistik, Geschichte, Kulturanthropologie und Journalistik an der Johannes-Gutenberg-Universität Mainz studiert. Andrea Amerland ist in Niedersachsen aufgewachsen und hat ihren Lebensmittelpunkt im Rhein-Main-Gebiet. https://www.springerprofessional.de/management---fuehrung/andrea-amerland/255504.

Michaela Paefgen-Laß schreibt als freie Autorin für Springer Professional. Nach dem Studium der Musikwissenschaft, Germanistik und Anglistik in Frankfurt/Main, ließ sie sich am Journalistischen Seminar in Mainz zur Journalistin ausbilden. Nach sieben Jahren in der Chefredaktion eines Fachzeitschriftenverlages, ist sie als Freiberuflerin unter anderem in der PR und der Kulturberichterstattung unterwegs und unterrichtet als Lehrbeauftragte für Wissenschaftliches Schreiben an der Hochschule Rhein Main. https://www.springerprofessional.de/management---fuehrung/michaela-paefgen-lass/724664.

Annette Speck ist freie Journalistin in Berlin und schreibt für Springer Professional regelmäßig über Themen aus den Bereichen Management und Führung, Kommunikation, Marketing und Vertrieb. https://www.springerprofessional.de/management---fuehrung/annette-speck/724562.

Wie die Krise das Führungsverhalten verändert

Andrea Amerland

Die Arbeitsweisen vieler Chefs haben sich in der Corona-Krise gewandelt. Insbesondere der Führungsstil ist oft ein anderer als vor der Pandemie, zeigt eine Studie. Weniger herausfordernd sind die Aufgaben nicht geworden- im Gegenteil.

Grundsätzlich sind die meisten Führungskräfte hierzulande positiv überrascht, wie gut der Wechsel von der Präsenz- zur Homeoffice-Kultur gelungen ist. So gaben in einer Studie des Personaldienstleisters Hays in Zusammenarbeit mit dem Marktforschungsinstitut Rheingold drei Viertel aller Führungskräfte an, ihre Mitarbeiter könnten viel eigenständiger arbeiten, als sie vorher gedacht hätten.

Traditionelle Führung funktioniert remote nicht

Einfacher ist die Führungsaufgabe durch die hybride Arbeitswelt allerdings nicht geworden, betonen Nele Graf, Stephanie Rascher und Andre M. Schmutte. Im Buchkapitel „Digital Leadership – Teams in der (semi)-virtuellen Welt skizzieren sie die Situation wie folgt" (Seite 120):

„Für die Führungskräfte ist diese Entwicklung eine Herausforderung: Sie müssen damit zurechtkommen, dass sich ihre Rolle ändert, ihr Selbstverständnis, ihr Status. Traditionelle Führung im Sinne von alleiniger Entscheidungskompetenz, langfristiger Projektplanung und -steuerung, stabiler Abteilungszusammensetzungen oder Management-by-Walking-Around greifen nicht mehr. Weil die Rahmenbedingungen viel zu instabil sind, bekommen Mitarbeiter stattdessen eine neue, größere Verantwortung, um Schnelligkeit und Flexibilität zu erreichen."

70 % der rund 750 branchenübergreifend von Hays befragten Führungskräfte geben dementprechend an, der Zeitaufwand für die Mitarbeiterbetreuung sei deutlich gestiegen. 61 % kontrollieren stärker, wann und wie viel ihre Mitarbeiter arbeiten. Ähnlich viele Befragte (58 %) machen nun kleinteiligere Vorgaben.

A. Amerland et al., *Best of springerprofessional.de: Management + Führung*, essentials, https://doi.org/10.1007/978-3-658-39462-2_1

Führung zwischen Kontrollzwang und Mitarbeiter-Wellbeing
Zum Mr. Kontrolletti sind aber nicht alle Chefs mutiert. Auf die Frage, wie sich ihr Führungsstil in der Corona-Krise verändert habe, gibt fast die Hälfte (52 %) aller Befragten an, ihre Mitarbeiter mehr motivieren zu wollen. Auch hat das Thema Mitarbeiterwohlbefinden einen neuen Stellenwert bekommen: 35 % der Chefs versuchen, individueller auf einzelne Mitarbeiter und ihre Bedürfnisse einzugehen oder verstärken ihre Bemühungen, eine persönliche Beziehungen zu ihnen aufzubauen (26 %).

Ein wesentlicher Anteil scheint seinen Angestellten sogar deutlich mehr zuzutrauen als zuvor: 36 % wollen ihren Mitarbeitern mehr Eigenständigkeit gewähren, 18 % kollaborativer und demokratischer führen. Ebenfalls 18 % halten die aktuellen Entwicklungen für zeitlich befristet und sehen daher keinen Anlass, irgend etwas zu ändern, während sich 39 % rühmen, in der Führung flexibler geworden zu sein.

Führungstypologien in der hybriden Arbeitswelt
Die Studienautoren leiten aus diesen Erkenntnissen eine Führungstypologie der hybriden Arbeitswelt ab. Drei Führungsstile sind demnach für Remote Leadership derzeit typisch:

- Performance Manager
- Employee Empowerment
- Business as usual

Den Herausforderungen der Digitalisierung und des virtuellen Arbeitens können Führungskräfte begegnen, indem sie die Fragen folgender Checkliste durchgehen, die Christof Ebert im Buchkapitel „Verteilte und virtuelle Teams" als Hilfestellung für Führungskräfte zusammengestellt hat (Seite 52 f.):

- Ist Ihr Auftrag für das verteilte Arbeiten klar?
- Passen die Aufgaben der virtuellen Zusammenarbeit für Sie?
- Gibt es in der Aufgabenbeschreibung genug stimulierende Inhalte?
- Kommen Sie mit dem Team und der Führung klar?
- Sind Sie im Grund positiv denkend und argumentieren Sie konstruktiv?
- Arbeiten Sie gerne auf Distanz und ohne direkten Kontakt?
- Haben Sie in den virtuellen Teams explizite Werte und Regeln aufgebaut?
- Werden diese Regeln eingehalten?
- Kommunizieren Sie bewusst auf verschiedenen Kanälen?
- Arbeiten die relevanten Funktionen im Unternehmen miteinander für gemeinsame Ziele?

- Führen Sie (auch indirekt ohne explizite Führungsverantwortung) ergebnisorientiert?
- Verfolgen Sie im Team Status, Aufgaben, Vereinbarungen und Risiken zumindest wöchentlich?
- Haben Sie Standards für Prozesse und IT-Infrastruktur, die eingehalten werden?
- Geben Sie Ihr Know-how auch an Unbekannte weiter?
- Würden Ihre Kollegen im virtuellen Team die gleichen Antworten geben?

Mithilfe dieser Leitfragen können Stärken und Schwächen oder blinde Flecken in der Führung von hybriden Teams identifiziert werden, um zumindest die Mindestanforderungen zu erfüllen, so Ebert.

Zur Nachverfolgung der enthaltenen Literaturhinweise siehe: https://www.spr ingerprofessional.de/fuehrungsqualitaet/digital-leadership/wie-die-krise-das-fue hrungsverhalten-veraendert/19738414.

Managern fehlt zukunftsgerechte Führungskompetenz

Andrea Amerland

Führungskräfte haben Stärken und Schwächen. Für die Personalentwicklung ist es wichtig, diese zu kennen, um Manager zukunftsgerecht auf neue Herausforderungen vorzubereiten. Wie es mit der „Future of Leadership" aussieht, hat eine Studie ermittelt.

Der HR-Dienstleister Softgarden hat rund 3500 Bewerber sowie etwa 250 Personalverantwortliche zur Zukunft der Führung befragt. Insbesondere die Kandidaten haben dabei sehr konkrete Anforderungen an die Qualität von Führungskräften formuliert. So erwarten mehr als 70 %, dass Vorgesetzte die psychische Gesundheit von Beschäftigten fördern, die Zusammenarbeit im Unternehmen organisieren und steuern, virtuelle Führung beherrschen sowie Mitarbeiter motivieren, weiterentwickeln und führen können.

Kein Vertrauen in gesunde Führung

Gleichzeitig hegen die Befragten allerdings Zweifel, dass Führungskräfte diesen Aufgaben auch wirklich gewachsen sind. Während knapp über die Hälfte in Hinblick auf Zusammenarbeit und Mitarbeiterentwicklung noch optimistisch antworten, glauben 61,2 % der befragten Bewerber nicht, dass Führungskräfte auf das Thema psychische Gesundheit gut vorbereitet sind. Auch bei der im Homeoffice so wichtigen virtuellen Führung äußern sich fast ebenso viele negativ.

Obwohl die befragten HR-Manager sich grundsätzlich etwas positiver gestimmt geben, was die Führungsqualitäten und -kompetenzen angeht, sind sie nicht restlos von der Zukunftsfähigkeit der eigenen Führungskräfte überzeugt. Das Know-how, Teams virtuell zu führen, sehen sie ähnlich skeptisch wie die befragten Bewerber. Bei der Aufgabe, die psychische Gesundheit der Beschäftigten zu schützen, bewerten sie ihre Manager noch kritischer als die Arbeitnehmer. 68,3 % der HR-Verantwortlichen trauen demnach Führungskräften im eigenen Unternehmen diese Kompetenz gar nicht oder eher nicht zu.

© Springer Fachmedien Wiesbaden GmbH, ein Teil von Springer Nature 2022
A. Amerland et al., *Best of springerprofessional.de: Management + Führung*,
essentials, https://doi.org/10.1007/978-3-658-39462-2_2

Zukunftsgerechte Führung

Darüber, was zukunftsgerechte Führung ausmacht, schreibt Springer-Autor Arnd Albrecht: „Ein 360-Grad-Führungsanspruch ist zu wenig. Wer zukunftsgerecht führen will, muss viel vielseitiger (dreidimensional) und längerfristig nachhaltig – auf die Zeitachse bezogen (vierdimensional) – führen." Im Buchkapitel „Leadership-Zukunftsprofil" schreibt der Professor für Human Resources Management und International Management an der Munich Business School, dass erst die Synthese von Self-, Environment- und Culture-Leadership das gesamte Potenzial von Führung entfalte. Auf diesen Säulen fuße das sogenannte Plena-Leadership-Modell, „das die Möglichkeit gibt, einen eigenen Führungsstil zu entwickeln: Gekoppelt an notwendige Führungsrollen und -verantwortlichkeiten, aber ausreichend frei für den individuellen Führungsstil." (Seite 239).

Weiterbildung und Führungskräfteentwicklung

Doch wie können Leader auf die neue Ära der Arbeit vorbereitet werden? Grundsätzlich denken rund 70 % der für die Softgarden-Studie befragten Bewerber und 79,6 % der HR-Verantwortlichen, das Führung nach Corona anders aussehen wird als davor. Um die größten Herausforderungen meistern zu können, favorisieren Bewerber die Möglichkeit, Führungskräfte fortzubilden (96 %). Sich von Managern zu trennen, die nicht mehr geeignet sind, um neue passende Führungskräfte einzustellen, rangiert auf Platz zwei möglicher Maßnahmen (50,2 %). Weniger Zuspruch findet der Gedanke, ganz auf Führungskräfte zu verzichten und auf die Selbstorganisation von Teams zu setzen (33,5 %).

Auch die HR-Abteilung bevorzugt Weiterbildung (98,7 %) als Instrument und lehnt Kündigungen eher ab (30,2 %). Auch Anreizsysteme als Schlüssel für die Führungskräftemotivation sehen Human Resources Manager zurückhaltender (46,8 % im Vergleich zu Bewerbern 64,4 %).

Herausforderungen für Führungskräfte und Personalentwicklung

Zu den größten Herausforderungen für Führungskräfte gehört nach Ansicht von Stefanie Krügl, Geschäftsführerin der Akademie für Führungskräfte der Wirtschaft, diese vielen Anforderungen unter einen Hut zu bringen.

„Viele Führungskräfte arbeiten aktiv im Projektgeschäft mit, führen gleichzeitig ihre Teams, gestalten eine Transformation, die sie auch selbst nur zum Teil verstehen. Dabei nicht in die Heldenrolle ihrer Vorgänger abzuheben, sondern ein Partner auf Augenhöhe für ihre Mitarbeiter sein, ist eine ziemlich schwierige Kombination von Aufgaben", sagt sie im Interview „Wie sieht die Führungskräfteentwicklung der Zukunft aus?" (Seite 236).

Ihre Empfehlung für die Führungskräfteentwicklung lautet: Manager brauchen ein agiles Mindset, um in Zeiten schneller Veränderungen bestehen zu können. „Denn wenn das Umfeld dynamischer wird, muss Führungsarbeit dieser Veränderung gerecht werden können."

Softgarden hat zudem in der Studienzusammenfassung fünf Maßnahmen definiert, um Führung zukunftsfähig zu machen. Sie lauten:

- Führung weiter professionalisieren.
- Die Praxis des gesunden Führens stärker auf die psychische Gesundheit der Mitarbeiter ausrichten.
- Die Praxis virtuellen Führens systematisch nachbessern.
- Führungskompetenzen analysieren, auch aus Mitarbeiterperspektive, und Maßnahmen ableiten, um Defizite zu beheben.
- Über den Tellerrand der Weiterbildung blicken.

Zur Nachverfolgung der enthaltenen Literaturhinweise siehe: https://www.spring erprofessional.de/leadership/personalentwicklung/managern-fehlt-zukunftsgere chte-fuehrungskompetenz/19936828.

Die Arbeitswelt 4.0 braucht New Leadership

Michaela Paefgen-Laß

Die Rolle des Befehlsinhabers an der Unternehmensspitze ist vom digitalen Wandel kräftig erschüttert worden. Für Chefs gilt nun, einen neuen Führungsstil, also New Leadership, zu entwickeln. Sich verändernde Anforderungen erschweren die Aufgabe.

Als wären die neuen Technologien im direkten Arbeitsalltag nicht schon komplex genug. Als reiche es nicht aus, sich mit Digitalisierung, Automatisierung, Künstlicher Intelligenz, Robotik und Big Data in allen Differenzierungen, Interpretierungen und Anwendungsmöglichkeiten auseinander setzen zu müssen. Als stünden Auswirkungen wie Anforderungen der digitalisierten, globalisierten Arbeit nicht täglich vor dem Schreibtisch. Als bedeute Führung 4.0 nicht schon längst sich innerhalb einer Mitarbeiterschaft orientieren zu müssen, die entweder – weil digital herangewachsen – technologisch reifer als das Management ist oder großen Weiterbildungsbedarf aufweist.

„Leader sind künftig verstärkt in ihrer Rolle als Katalysatoren, Inspiratoren, Coaches gefragt", schreibt Springer-Autor Thomas Doyé in „Digital Leadership" (Seite 201) und setzt nach: „Die ideale agile Führungskraft ist ein intrinsisch motivierter agiler Experte" (Seite 202). Werden Chefs von der Forderung nach New Leadership überrannt?

Soft Skills werden für Manager wichtiger

Dass ihre Arbeitswelt VUCA (unbeständig, unsicher, komplex und mehrdeutig) geworden ist, haben Führungskräfte verinnerlicht. Wie sie den neuen Anforderungen aber Stand halten können, ohne sich im Selbstbild der eierlegenden Wollmilchsau zu verlieren, darauf fehlen die Antworten. Eine aktuelle Studie hat nun untersucht, wie sich der Kontext verändert hat, in dem Führungskräfte agieren müssen und wie sich das auf ihre Kompetenzen auswirkt. Rund

A. Amerland et al., *Best of springerprofessional.de: Management + Führung*, essentials, https://doi.org/10.1007/978-3-658-39462-2_3

500 Führungskräfte von Unternehmen aus unterschiedlichen Branchen mit Nie-
derlassungen in Nordamerika, Europa, dem Nahen Osten und Afrika gaben für
„Entwicklung von Führungskräften für eine digitale Wirtschaft" von Skillsoft und
der Human Capital Media Research and Advisory Group Auskunft.

Als größte Herausforderung empfinden die Studienteilnehmer das Mithalten
mit allen im Unternehmen genutzten Technologien. Das Streben nach kompe-
tenter Führung bezogen auf Veränderungen innerhalb der eigenen Organisation,
des Teams, Kunden und Partner sowie das Aufbringen der dafür notwendigen
emotionalen Intelligenz folgen. Rund 76 % der Befragten gaben an, dass sich in
ihren Unternehmen entweder kürzlich die Anforderungen an Führungskompetenzen geändert hätten, gerade erstmals eine Priorisierung für Führungskompetenzen
erstellt wurde oder eine Überarbeitung in nächster Zukunft geplant sei. Insgesamt gewinnen die sozialen Kompetenzen oder Soft Skills sowie methodische
Kompetenzen zunehmend an Bedeutung.

Relevante Themen im Bereich der Sozialkompetenzen sind:

- Führung auf Basis von Werten/Ethik: 77 %
- die Förderung von Diversität: 68 %

Relevante Themen im Bereich der Methodenkompetenzen sind:

- Fähigkeiten in Hinsicht auf effektive Zusammenarbeit: 76 %
- die Fähigkeit Teams aufbauen und stärken zu können: 69 %
- Agilität, um flexibel auf neue Anforderungen und veränderte Bedingungen
  reagieren zu können: 66 %
- die Förderung von Innovationen: 63 %

Digital oder New Leadership: Das Wie ist ungeklärt

Gut vorbereitet fühlen sich die Führungskräfte auf die neue Arbeitswelt unter-
dessen nicht. Die meisten Mitarbeiter (86 %) müssen eine Führungsrolle ohne
vorherige formelle Zuweisung übernehmen und nur sechs Prozent aller Organisationen gaben an, dass bei ihnen die Modernisierung des Führungsmodells bereits
vollzogen ist. Zum Auf- und Ausbau der benötigten Kompetenzen bevorzugen
die Unternehmen unterschiedliche Modelle:

- Selbstgesteuertes Lernen: 64 %
- Workshops: 61 %
- Rollenspiele und teambasierte Übungen: 46 %
- Mobiler Support für Lernmethoden: 41 %

- Mentoring: 40 %
- Einstellung digital versierter Führungskräfte, um Wissen intern aufzubauen: 35 %
- Kompetenz vs. Wissen

Treibt die Digitalisierung Führungskräfte in einen wahren Kompetenzrausch und ist der Begriff Kompetenz im Grunde auch nicht viel mehr als eine arg strapazierte Modefloskel und ein hippes Synonym für Wissen? Die Springer-Autoren John Erpenbeck und Werner Sauter widersprechen dem entschieden. Sie unterscheiden die traditionelle und ihrer Ansicht nach überholte Wissensweitergabe von der Kompetenzentwicklung. „Der Knackpunkt ist hier die Mobilisierung des Wissens. Gelingt sie nicht, ist die ganze Wissensfülle umsonst und führt zu Wissensblödigkeit, wie wir es nannten. Gelingt sie, handeln wir kompetent" (Seite 24). Die Autoren setzen darauf, dass Kompetenzbeurteilungen und -entwicklungen sich langfristig gegen die reine Wissensweitergabe durchsetzen werden. Sie unterscheiden (ab Seite 25):

- Menschen mit personalen Kompetenzen
- Menschen mit Aktivitäts- und Handlungskompetenzen
- Menschen mit Fach- und Methodenkompetenzen
- Menschen mit sozial-kommunikativen Kompetenzen

In seiner Analyse der erforderlichen Führungskompetenzen in Zeiten der digitalen Transformation differenziert Springer-Autor David Jonathan Wagner hingegen zwischen den Fach-, Methoden- und Sozialkompetenzen. Er kommt zu dem Schluss, dass „stabile" Sozial- und Methodenkompetenzen, die Führungskraft der Zukunft ausmachen und sie deshalb auf beiden Feldern regelmäßiges Updating und Learning benötigt. Denn, die digitale Transformation sei genau genommen eine „perpetual disruption" (Seite 120) in deren Verlauf „sogar jeder einzelne Mitarbeiter zu einer Führungskraft (wird) und wenn er nur in einer vermeintlich kleinen Aufgabe Spezialist ist" (Seite 121). Auch das ist New Leadership.

Zur Nachverfolgung der enthaltenen Literaturhinweise siehe: https://www.spr ingerprofessional.de/fuehrungsqualitaet/personalentwicklung/die-arbeitswelt-4-0-braucht-new-leadership/17334064.

So funktioniert Shared Leadership

Andrea Amerland

Es ist der Albtraum aller Beschäftigten, zwei Chefs zu haben. Managern bietet eine geteilte Führung allerdings Vorteile, wenn es um die Work-Life-Balance geht. Doch für die Umsetzung dieses Modells fehlt es in Unternehmen noch an Know-how.
Geteilte Führung oder Shared Leadership wird in der Führungsforschung nicht erst seit heute diskutiert. Allerdings gibt es unterschiedliche Definitionen, was geteilte Führung eigentlich ist. So verstehen Simone Kauffeld, Nils Sauer und Lisa Handke in einem Artikel über Shared Leadership, der in der Zeitschrift „Gruppe. Interaktion. Organisation"(GIO), Ausgabe 3/2017 erschienen ist, dass neben der Führungskraft auch Teammitglieder Führungsrollen übernehmen.

„Durch die steigende Komplexität der Arbeitswelt ist es kaum noch möglich, dass einzelne Personen alle Führungsverhaltensweisen abdecken können, die maximale Teameffektivität garantieren. Stattdessen ist es entscheidend, situations- und themenspezifisch auf das Expertenwissen der einzelnen Teammitglieder zugreifen zu können, da diese ein tiefergehendes Verständnis einzelner Sachverhalte haben", schreiben die GIO-Autoren.

Was ist geteilte Führung?

Neben der Kompetenz- und Führungserweiterung durch das Team ist ein Verständnis von geteilter Führung verbreitet, bei dem zwei Chefs die Führungsrolle in Teilzeit zusammen ausüben. Dieses Modell bietet Chancen, aber auch Risiken, betont Simon Werther in der Einleitung seines Buches zum Thema.

Einerseits ermögliche geteilte Führung, Komplexität besser zu bewältigen, „da mehrere Führungskräfte ihre unterschiedlichen Kompetenzen und Charakteristika kombinieren können". Andererseits könne Shared Leadership auch genau das Gegenteil bewirken, da „die Komplexität durch die kollektiven Prozesse noch

© Springer Fachmedien Wiesbaden GmbH, ein Teil von Springer Nature 2022
A. Amerland et al., *Best of springerprofessional.de: Management + Führung*,
essentials, https://doi.org/10.1007/978-3-658-39462-2_4

weiter zunimmt", etwa durch Konflikte, schreibt er auf Seite zwei bis drei. Das Führungsmodell befindet sich in einem Dilemma.

Rahmenbedingungen für Shared Ledership nötig

Wohl auch deswegen sind solche Führungsduos in Unternehmen eher noch die Ausnahme als die Regel. Zumeist fehlt noch das Know-how, welche Rahmenbedingungen eine Doppelspitze im Unternehmen benötigt. Dieser Frage ist ein Team der International School of Management (ISM) nachgegangen. Die Wissenschaftler Ricarda Merkwitz und Götz Walter haben im Zuge ihre Forschungen folgende Erfolgsfaktoren ermittelt:

Der Erfolg von Shared Leadership hängt stark von den Persönlichkeiten der Führungskräfte ab. Nach Ansicht der Forscher bringen insbesondere die berühmt berüchtigten Alphatiere das Konzept zum Scheitern. Bei der Personalauswahl sollte daher für die geteilte Führung auf Skills wie Kooperationsbereitschaft, ein gutes Konfliktmanagement und Kommunikationsstärke geachtet werden.

Es kommt darauf an, eine vernünftige Arbeitsaufteilung zu finden. Von einer strikten Trennung der Zuständigkeiten raten die Wissenschaftler klar ab. Um die Stärken und Schwächen im Führungsduo auszugleichen, ein Vorteil von Shared Leadership, sollten beide Parteien gleichermaßen involviert sein und auch zusammen an Meetings teilnehmen.

Ohne Akzeptanz im Unternehmen kann geteilte Führung nicht gelingen: Damit das Konzept aufgeht, ist es das A und O, dass die Geschäftsleitung hinter dem Führungsmodell steht. Denn geteilte Führung muss in der Unternehmenskultur verankert sein, was in tradiert-hierarchischen Unternehmen keine leichte Aufgabe für die Organisationsentwicklung ist.

Geteilte Führung braucht Change Management-Prozess

Für Springer-Autor Simon Werther ist Shared Leadership eine Führungsstruktur, mit der sich Unternehmen auf jeden Fall auseinandersetzen müssen. Denn das Modell gewinne aufgrund der veränderten Erwartungen jüngerer Arbeitnehmer „der Generation Y und Z sowie der damit einhergehenden Forderungen nach nach demokratischeren Unternehmen und neuen Führungskulturen immer mehr an Bedeutung." (Seite 171).

Doch die Einführung erfordere einen umfangreichen Change Management-Prozess, für den er als Methode die strategische Mobilisierung empfiehlt. Dabei handelt es sich um einen kontinuierlichen Veränderungsprozess, in den alle Mitarbeiter, Führungskräfte und Stakeholder eingebunden sind (Seite 180). Gelingt die Transformation, profitieren Unternehmen nach Ansicht des Autors in vielerlei Hinsicht.

Vorteile geteilter Führung für Unternehmen laut Simon Werther:

- Zwei Personen können Komplexität und Veränderungstempo besser bewältigen.
- Jede Führungskraft bringt individuelle Kompetenzen und Ressourcen mit, um Vielfalt zu managen.
- In Krankheitsfällen oder bei längerer Abwesenheit klafft keine Lücke.
- Job Sharing ermöglicht Führungskarrieren ohne extreme zeitliche Belastungen. Das spricht die Generationen Y und Z an.
- Der ständige Austausch beider Führungskräfte gewährleistet permanente Weiterentwicklung.
- Bei Konflikten profitieren alle Beteiligten von Perspektivenvielfalt.

Zur Nachverfolgung der enthaltenen Literaturhinweise siehe: https://www.spring erprofessional.de/leadership/zeitmanagement/so-funktioniert-shared-leadership/ 16283214.

Wie toxische Führungskräfte Unternehmen vergiften

Andrea Amerland

Sie drohen, sie mobben, sie lügen: toxische Führungskräfte. In Unternehmen sind Toxiker auf Führungsebene weit verbreitet. Das Problem: Sie drücken die Performance und fügen Unternehmen Schaden zu. Was Firmen dagegen tun können.

„Unter der Bezeichnung 'Toxiker' subsumieren wir Menschen, die andere Menschen ohne Skrupel drangsalieren, benutzen und manipulieren, um ihre persönlichen Ziele zu erreichen. Auf den Punkt gebracht: Toxiker streben nach Macht, um ihre egoistischen Motive um jeden Preis zu verwirklichen."

So definieren Heidrun Schüler-Lubienetzki und Ulf Lubienetzk im Buchkapitel „Toxiker?! – Zu Beginn auf den Punkt gebracht" (Seite 3 f.) eine Spezies unter den Beschäftigten, deren zerstörerische Kraft „atemberaubend" sein kann. Denn ein Toxiker ist nach Ansicht der Springer-Autoren ein Wolf im Schafspelz, ein Mitarbeiter, der seine egoistischen und auch geschäftsschädigenden Motive hinter einer eloquenten Fassade so geschickt verbirgt, dass die meisten Kollegen sein wahres Ich nicht erkennen.

Toxiker und dunkle Triade unter Führungskräften

Dass Toxiker auch unter Führungskräften stark verbreitet sind, wie jetzt das Arbeitgeberbewertungsportal Kununu durch die Auswertung von rund 37.000 Bewertungen (quantitative sowie Textkommentare) ermittelt hat, verwundert nur bedingt. Denn unlängst haben Studien nachgewiesen, dass Führungskräfte oftmals narzisstische, psychopathische oder machiavellistische Züge in sich tragen. Dazu zählt auch das Streben nach Macht. In der Forschungswelt werden diese negativen Facetten einer Führungspersönlichkeit unter dem Begriff der ‚dunklen Triade' subsumiert.

Die Autoren der Kununu-Studie verwenden den Begriff „Toxiker„ allerdings etwas anders, als er in der Management-Literatur definiert wird. Toxische Führungskräfte verbergen in der Sprachwelt von Kununu ihre egoistischen Motive nicht hinter einer freundlichen Fassade. Vielmehr treten ihre negativen Eigenschaften offen zutage. Es geht in der Analyse durch das Bewertungsportal um Vorgesetzte, die ihre Mitarbeiter offen drangsalieren, piesacken, kränken, anschreien, demütigen, ignorieren oder anlügen.

Dem Datenbestand der Jahre 2016 und 2017 entnimmt Kununu, dass in 85 % der 149 untersuchten Unternehmen toxisches Führungsverhalten praktiziert wird, bei mehr als jedem fünften Arbeitgeber (21 %) herrscht demnach sogar ein ausgesprochen toxisches Führungsklima.

Toxische Führungskräfte schaden der Performance

Das miese Führungsverhalten, so weist die Studie nach, verschlechtert nicht nur das Arbeitsklima, sondern auch die Performance. So wurden Unternehmen, in denen Toxiker stark verbreitet sind, schlechter bewertet (3,3) als Firmen, in denen Führungskräfte seltener ihr Gift versprühen (3,5). Insgesamt lautet das Studienfazit: Je zufriedener die Mitarbeiter mit der Führungsqualität sind, desto besser schneidet das jeweilige Unternehmen auch beim Thema Performance ab.

Die Gründe für den Zusammenhang von schlechtem Führungsverhalten und Performance beschreiben die Psychologinnen Sandra Julia Schiemann und Eva Jonas in einem Artikel in der Zeitschrift „Organisationsberatung, Supervision, Coaching". „Besonders die Mitarbeiter/innen der narzisstischen Führungskräfte leiden darunter: Sie fühlen sich emotional erschöpft, angespannt und depressiv, können nicht mehr so produktiv arbeiten und sehen keine Handlungsoptionen." (Seite 254).

Toxiker sind zumeist coachingresistent

Ist eine toxische Führungskraft erst einmal an Bord, wird es für Unternehmen schwierig durch Personalentwicklungsmaßnahmen eine Verhaltensänderung zu bewirken, warnen die beiden Expertinnen. Denn zumeist kommen nach den Erfahrungen von Psychologen solche Klienten nicht freiwillig zum Coaching und bringen daher auch keinerlei Eigenmotivation mit, ihre Persönlichkeit positiv weiterzuentwickeln.

In der Regel zeigen sie sich verschlossen, können kein kritisches Feedback annehmen, lassen die Fähigkeit zur Selbstreflexion vermissen und sehen in den anderen das Problem, aber nicht in sich selbst: „Meiner Erfahrung nach ist das Veränderungspotenzial sehr gering, und man kann als Coach kaum wirksam sein", lautet etwa das Resümee der Beraterin und Trainerin Karin von Schumann, das in der Zeitschrift „Organisationsberatung, Supervision, Coaching" zitiert wird. (Seite 256).

Doch was können Unternehmen gegen toxische Führungskräfte tun? Wie kann der Arbeitsplatz entgiftet werden?, so wie es Heidrun Schüler-Lubienetzki und Ulf Lubienetzki in einem Buchkapitel zum Thema formulieren. Die Handlungsempfehlungen der verschiedenen Springer-Autoren gehen in eine ähnliche Richtung. So besteht Einigkeit, dass eine ethische Unternehmenskultur, die von Werten, Wertschätzung, Team- und Mitarbeiterorientierung geprägt ist, ein wirksames Mittel ist, um das negative Handeln von Toxikern im Sande verlaufen zu lassen. Doch eine ethische Unternehmenskultur entsteht nicht über Nacht und lässt sich insbesondere in großen Konzernen nur langsam etablieren.

Der Schaden durch toxische Führungskräfte ist groß

Zeigt sich im Coaching via 360-Grad-Feedback bei einer toxischen Führungskraft auf Dauer keiner Besserung, bleibt nur noch die Trennung als Lösung. Denn der Schaden, den sie anrichten, ist nach Einschätzung von Heidrun Schüler-Lubienetzki und Ulf Lubienetzki immens (Seite 118). Toxiker:

- kosten viel Geld. Sie sind sehr, sehr teuer.
- verursachen Konflikte.
- spielen mit unfairen, skrupellosen Mitteln.
- werden Ihren guten Ruf vernichten.
- binden Ressourcen und Kapazitäten.
- vermindern die Innovationskraft und schaden der Kreativität.
- zerstören das Betriebsklima.
- schaden (auf Dauer) dem Geschäftserfolg.
- machen krank.
- verändern sich nicht und haben keinen Leidensdruck.
- veranlassen gute Leute, das Unternehmen zu verlassen.
- verschlechtern die Leistungen ihrer Mitarbeiter und Kollegen.

Um sich vor diesem Rattenschwanz an negativen Folgen durch Toxiker zu schützen, ist nach Ansicht des Experten für Management-Diagnostik, Kai Externbrink, und des Wirschaftspsychologen Moritz Keil Prävention die beste Maßnahme. Diese müsse bereits bei der Personalauswahl beginnen, schreiben sie im Buchkapitel „Intervention". Eine Psychopathie-Checkliste kann nach Ansicht der beiden Springer-Autoren helfen, Toxiker bereits im Vorstellungsgespräch zu erkennen.

Die Pschopathie-Checkliste.

Dimension 1: Ausnutzen anderer zum eigenen Vorteil	Dimension 2: Impulsivität
• Sprachgewandter Blender mit oberflächlichem Charme, unterhaltsam • Erheblich übersteigertes Selbstwertgefühl, Fähigkeitsüberschätzung • Krankhaftes Lügen und Betrügen als Bestandteil des Umgangs mit anderen • Manipulatives, trickreiches Verhalten, um Vorteile zu realisieren • Fehlende Reue beziehungsweise Anteilnahme • Oberflächliche Gefühle, flacher Affekt • Gefühlskälte, Mangel an Empathie • Fehlende Verantwortungsübernahme	• Stimulationsbedürfnis, Erlebnishunger • Beabsichtigter parasitärer Lebensstil • Geringe Verhaltenskontrolle, reizbar, Aggressionsneigung bei Frustration • Frühzeitige Verhaltensprobleme (vor dem 12. Lebensjahr, z. B. Diebstahl) • Fehlen langfristiger Ziele und einer realistischen Lebensplanung • allgemeine Impulsivität • Jugendkriminalität • Verstoß gegen Bewährungsauflagen im Erwachsenenalter

Quelle: „Narzissmus, Machiavellismus und Psychopathie in Organisationen" (2018), Seite 69.

Zur Nachverfolgung der enthaltenen Literaturhinweise siehe: https://www.spring erprofessional.de/fuehrungsqualitaet/coaching/wie-toxische-fuehrungskraefte-unt ernehmen-vergiften/18415084.

Homeoffice ist gut, hybride Arbeitsmodelle sind besser

Annette Speck

Das Arbeiten im Homeoffice finden viele Beschäftigte grundsätzlich gut. Trotzdem will die große Mehrheit ab und zu auch im Büro arbeiten. Hybriden Arbeitsmodellen gehört daher die Zukunft. Doch wie gelingt Unternehmen der Switch?

Die meisten Betriebe, in denen Remote Work möglich ist, haben spätestens seit Beginn der Corona-Pandemie Erfahrungen mit der Arbeit im Homeoffice gesammelt. Die oftmals kurzfristig gestemmte Umstellung hat vielerorts erstaunlich gut geklappt. Angesichts dessen gehen Verfechtern der traditionellen Präsenzkultur nun die Gegenargumente aus. Zudem sehen quasi alle aktuellen Studien in hybriden Arbeitswelten das Erfolgsmodell der Zukunft.

Reine Präsenzkultur hat ausgedient

Ob nun die deutsche Stepstone-Studie „Jobsuche und Bewerbung – Arbeitsmodelle nach Corona", die internationale Studie „Decoding Global Ways of Working" von Stepstone, Boston Consulting Group und The Network oder die globale Studie „Veränderte Erwartungen & die Zukunft der Arbeit" der Beratungsfirma Steelcase: Sie alle belegen die Erwartung der Beschäftigten, auch nach der Pandemie öfter als bisher von zuhause aus arbeiten zu können.

Denn die größere zeitliche und örtliche Flexibilät, die sich viele schon lange wünschten, ist im Corona-Jahr 2020 unerwartet Realität geworden und hält auch 2021 noch an. Eine Rückkehr zur reinen Präsenzkultur will kaum jemand. Schließlich stehen Remote-Work-Nachteilen wie Technikproblemen, fehlendem Vor-Ort-Austausch mit Kollegen, verzögerten Entscheidungen und mangelnder Trennung von Privat- und Arbeitsleben gewichtige Vorteile gegenüber. An erster Stelle ist dies aktuell natürlich der Schutz der Gesundheit. Daneben sind der Wegfall von Arbeitsweg und Fahrkosten, konzentrierteres Arbeiten, bessere Vereinbarkeit von Job und Familie sowie eine geringere Umweltbelastung die von Arbeitnehmenden meistgenannten Pluspunkte.

Remote Work fördert Arbeitgeberattraktivität

Je nach Studie differieren die Zahlen ein wenig, doch in der Gesamtbetrachtung zeigt sich, dass die Mehrheit der Beschäftigten künftig regelmäßig mindestens teilweise remote arbeiten möchte. Und auch die meisten Unternehmen akzeptieren diesen Trend zunehmend – nicht zuletzt, um ihre Attraktivität als Arbeitgeber zu steigern.

„Unternehmen gewinnen durch hybride Systeme – vor allem oft händeringend gesuchte Fachkräfte. Flexibles Arbeiten ist attraktiv für Bewerber. Gleichzeitig eröffnet es viel größere Kreise für potenzielle Mitarbeiter." Peter Stemmler, Deutschland-Chef von Zoom in seinem Gastbeitrag „Ein Hoch auf hybride Systeme" in der Zeitschrift return, Seite 52.

Allerdings steht den Untersuchungen zufolge für die überwiegende Zahl der Firmen das Büro als Hauptarbeitsplatz nicht zur Disposition. Die entscheidende Frage ist nun, wie der Übergang von der traditionellen Präsenzkultur zur dauerhaften hybriden Arbeitsweise erfolgreich gestaltet werden kann.

Die Unternehmenskultur als Basis hybrider Arbeitsformen

Hierzu ist eine Analyse der Unternehmenskultur erforderlich. Sie wird vorrangig durch informelle Prozesse gelernt und weitergegeben – und in der Regel auch in die virtuelle Unternehmenswelt übertragen, wie Josef Herget in dem Buchkapitel "Unternehmenskultur in hybriden Ausprägungen" erklärt. Gleichzeitig erlaube die digitale Arbeitsumgebung aber auch die Einführung neuer Standards und Kollaborationsformen. Mit einer Systematik und den richtigen Werkzeugen könne das Zusammenführen von Präsenzkultur und der sich herausbildenden digitalen Kultur zu einer hybriden/virtuellen Unternehmenskultur sowie deren Gestaltung gelingen. (Seite 22).

Am Anfang eines solchen Prozesses steht dem Informationswissenschaftler zufolge stets die Frage nach der vorhandenen und gewünschten Unternehmenskultur sowie den spezifischen Kulturfaktoren, wie etwa Kundenorientierung, Agilität, Innovation, die Zusammenarbeit mit Partnern. Alle wichtigen Kulturfaktoren müssen in die digitale Welt überführt werden. Im digitalen Bereich gebe es indessen einige generische, besonders bedeutsame Kulturfaktoren, die immer adressiert werden sollten: Zugehörigkeit, Wertschätzung und Anerkennung, Vertrauen, persönliches Wachstum und Entwicklung, Sinnstiftung.

Hilfreicher Blick aus der Homeoffice-Perspektive

Als hilfreich für das Verständnis der digitalen Unternehmenskultur empfiehlt Herget zudem einen Perspektivwechsel: Wie stellt sich die Präsenzkultur für die Mitarbeiter dar, wenn sie im Homeoffice sind; also ohne direkten Kontakt, physische Nähe und die Möglichkeit, die Artefakte der Unternehmenskultur zu teilen.

Für die praktische Umsetzung hat Springer-Autor Herget „Ein Vorgehens-konzept zur Konstruktion hybrider Arbeitsformen" entwickelt, das die unterschiedlichen Perspektiven berücksichtigt und die gegenseitigen Beeinflussungen einbezieht. Die Kernfragen dazu lauten (Seite 39/40):

- Wie kann die Präsenzkultur entwickelt werden?
- Wie kann die digitale Unternehmenskultur gefördert werden?
- Wie können diese Formen integriert synergetisch als ein harmonisches Ganzes funktionieren?

Unternehmen brauchen eine gemeinsame Leitkultur
Laut Herget ist es in größeren Unternehmen durchaus üblich, dass mehrere Kulturen als Subkulturen parallel koexistieren, dennoch sei eine gemeinsame, dominante Leitkultur enorm wichtig. Sein Vorgehenskonzept zur Gestaltung von hybriden Unternehmenskulturen umfasst acht Phasen. Aus den einzelnen Schritten müsse ein Prozess entwickelt werden, der fixer Bestandteil der Führungsarbeit wird.

Acht Schritte zur Entwicklung hybrider Arbeitswelten (Seite 40/41)

1. Bestimmung der individuellen Unternehmenskultur-Faktoren und Begründung, warum gerade diese Faktoren für das Unternehmen so wichtig sind.
2. Wichtigkeit der ausgewählten Unternehmenskultur-Faktoren einschätzen.
3. Bestimmung der relevanten generischen Faktoren. Diese sind dann auf ihre besondere Wichtigkeit für den digitalen Raum zu bewerten. Diese können in hybriden Arbeitsformen elementar sein.
4. Priorisierung nach Wichtigkeit und Feststellung der unterschiedlichen Wertigkeit im präsenten und digitalen Raum für die selektierten Kulturfaktoren.
5. Bestimmung von geeigneten Maßnahmen, um die gewünschten Kulturfaktoren im gelebten Alltag zu fördern. Dabei sind die Perspektiven und die Konsequenzen auf das Denken/Verhalten aller einzubeziehen, die sich im digitalen Raum befinden können: die eigenen Mitarbeiter, die Kunden oder Partner.
6. Konzipierung einer Roadmap zur Umsetzungsplanung.
7. Ständiges Monitoring und Controlling der Entwicklungsschritte.
8. Weiterentwicklung des eigenen Unternehmenskultur-Modells durch Review und Growth Hacking

Zur Nachverfolgung der enthaltenen Literaturhinweise siehe: https://www.spring erprofessional.de/organisationsentwicklung/unternehmenskultur/homeoffice-ist-gut--hybride-arbeitsmodelle-sind-besser/19194166.

Homeoffice steigert die Produktivität

Andrea Amerland

Arbeitgeber fürchten, das Arbeiten in den eigenen vier Wänden fördere das süße Nichtstun. Arbeitnehmer sehen im Homeoffice hingegen eine Möglichkeit, sich unter anderem Pendelstress zu ersparen. Eine Studie zeigt, welche Vorteile Work from home noch bietet.

Wissenschaftler der US-amerikanischen Stanford-Universität haben in einer zweijährigen Studie untersucht, was das Arbeiten im Homeoffice bewirkt. Um die nötigen Daten dafür ermitteln zu können, arbeiteten die Wissenschaftler mit einer chinesischen Reiseagentur zusammen. Deren CEO zeigte sich offen für das Experiment, da der Arbeitsplatz der insgesamt 16.000 Mitarbeiter im Hauptfirmensitz zu eng wurde. Die Ergebnisse der Untersuchung haben die Forscher in dem Artikel „Does working from home work? Evidence from a chinese experiment" (PDF) zusammengefasst, der in der Zeitschrift „The Quarterly Journal of Economics" erschienen ist.

Die positiven Seiten von „working from home"

500 Mitarbeiter erklärten sich demnach bereit, an dem Versuch teilzunehmen. Die eine Hälfte arbeitete von zuhause aus, die andere Hälfte weiterhin im Büro. Während die Mitarbeiter im Homeoffice ihre volle Arbeitszeit abarbeiteten oder sogar noch mehr leisteten, kamen die Büroarbeiter eher zu spät, verließen früher den Arbeitsplatz oder waren von der Atmosphäre und den Kollegen abgelenkt. Die Testgruppe im Homeoffice bewertete hingegen positiv, weniger abgelenkt zu werden, machte kürzere Pausen und meldete sich weniger krank.

Die Produktivität stieg um 13 %, in neun Prozent der Fälle bei Mitarbeitern, die länger als nötig arbeiteten. Die Heimarbeiter zeigten eine wesentlich höhere Arbeitszufriedenheit und ihre Fluktuationsrate sank um mehr als 50 %. Als die Studienteilnehmer nach Beendigung des Experiments die Wahl hatten, über den Arbeitsort selbst zu entscheiden, verdoppelte sich dadurch ihre Performance sogar.

Homeoffice, das Arbeitsmodell der Zukunft?

Aber mehr als die Hälfte der Probanden beklagte nach mehreren Monaten die zunehmende Isolation, die das Arbeiten in den eigenen vier Wänden mit sich brachte und wollte am liebsten ins Büro zurückkehren. Die Standford-Forscher empfehlen daher, das Homeoffice an ausgewählten Tagen in der Woche zu ermöglichen, es aber nicht verpflichtend einzuführen.

Obwohl in den USA die Zahl der Homeoffice-Lösungen gewachsen ist, tun sich Arbeitgeber hierzulande mit diesem flexiblen Arbeitszeitmodell noch schwer. Dennoch sind sich die Springer-Autoren Petra Barsch und Gabriele Trachsel sicher, dass es sich beim Homeoffice um ein New-Work-Modell der Zukunft handelt.

„Homeoffice und Vertrauensarbeit sind die Modelle der Zukunft. Der steigende Wettbewerb fordert Kosteneffzienz und fexiblere Arbeit. Cloud-Worker, die von überall ihre Aufträge suchen und sie überall bearbeiten, nehmen zu. Mehr Mitsprache, interessante Projekte, eine gute Work-Life-Balance, Gesundheitsvorsorge und eine mitarbeiterorientierte Unternehmenskultur werden beim Werben um die besten Mitarbeiter entscheidend", heißt es im Buchkapitel „Megatrends und ihre Auswirkungen" auf Seite 109.

In einem ähnlichem Tenor äußert sich auch Markus Ley in der Zeitschrift Wirtschaftsinformatik & Management. Homeoffice-Lösungen, individuell gestaltbare Arbeitszeitmodelle und virtuelle Teams werden insbesondere von der „Generation Z" eingefordert „und machen beim Kampf um die besten Talente häufig den Unterschied aus". Ley warnt allerdings, „dass geeignete Kandidaten ein Gesamtpaket mitbringen müssen, das neben fundierten IT-Kenntnissen auch Soft Skills wie Konfliktfähigkeit, Empathie oder Selbstmanagement umfasst."

Auf dem Weg zur Arbeit 4.0

Darüber hinaus kann „work from home" nur dann realisiert werden, wenn auch die nötigen technischen Voraussetzungen gegeben sind beziehungsweise bei der Digitalisierung von Wissensarbeit nicht nur die Einführung der notwendigen Tools im Vordergrund steht, sondern Mitarbeitern auch die Zeit gegeben wird, sich über die verwendeten Technologien auszutauschen, betonen Sebastian Köffer und Nils Urbach. Dadurch werde die Nutzer-Autonomie gestärkt, meinen die Autoren und empfehlen weitere Maßnahmen (Seite 21).

Forschungsfeld	Empfohlene Maßnahmen
Kollaborationstechnologien	• Schaffung einer Organisationskultur, die selbstverantwortlichen Umgang mit Kollaborationstechnologien fördert • Ermöglichung des Austauschs zwischen Mitarbeitern über die Nutzung von Kollaborationstechnologien • Training zu Kollaborationstechnologien für Führungskräfte und Beschäftigte innerhalb ihres spezifischen Arbeitskontexts
IT-Compliance	• Schaffung einer sicherheitsbewussten Organisationskultur • Vereinfachung von Sicherheitsrichtlinien und deren Harmonisierung mit Arbeitszielen der Mitarbeiter
Mobiles Arbeiten mit IT	• Ermöglichung des Wissensaustauschs zwischen Mitarbeitern über mobile Arbeitspraktiken • Förderung der experimentellen Nutzung von mobiler IT
Technostress	• Involvierung von Nutzern in IT-Entscheidungen • Erhaltung von flexiblen IT-Richtlinien, sodass Nutzer selbst herausfinden, welche IT-Nutzung für sie passend ist • Fortbildungsmaßnahmen zur Erhöhung der digitalen Kompetenz

Quelle: Buchkapitel „Die Digitalisierung der Wissensarbeit – Unternehmen im Spagat zwischen Innovation und Kontrolle", Seite 21.

Fazit: Können Arbeitnehmer ihren Arbeitsort flexibel selbst bestimmen, verbessert das die Work-Life-Balance und steigert die Mitarbeiterzufriedenheit. Arbeitgeber sollten idealerweise an ausgewählten Tagen das Arbeiten im Homeoffice ermöglichen, dies aber nicht zur Pflicht machen. Und wer zuhause arbeiten darf, ist auf jeden Fall produktiver.

Zur Nachverfolgung der enthaltenen Literaturhinweise siehe: https://www.spr ingerprofessional.de/personalmanagement/gesundheitspraevention/homeoffice-ste igert-die-produktivitaet/15784342.

Wie exzellente Mitarbeiterkommunikation gelingt

Annette Speck

Angestellte in deutschen Top-Start-ups sind mit der Mitarbeiterkommunikation zufriedener als Beschäftigte in Dax-30-Konzernen. Denn die Jungunternehmen gehen die interne Kommunikation oft anders an.

Mitarbeiterzeitungen, Rundbriefe, E-Mail-Newsletter, Intranet – das sind die Klassiker der internen Kommunikation. Doch mit der fortschreitenden Digitalisierung sind längst weitere Kanäle für die Mitarbeiterkommunikation hinzugekommen. Seit dem Schub, den das mobile Arbeiten durch die Corona-Pandemie erhalten hat, zeigt sich erst recht, wie wichtig sie für eine schnelle und transparente interne Kommunikation sind. Und da haben die digitalaffinen Start-ups klar die Nase vorn, wie eine Analyse des Software-Anbieters Unily belegt: Die in punkto Mitarbeiterkommunikation am besten bewerteten Start-ups Coach Hub, Quantilope und Finn Auto liegen mit jeweils 4,8 von fünf möglichen Sternen weit vor den Dax-30-Konzernen.

Nur 2,8 Sterne für Auto1 und Delivery Hero

Im Schnitt erzielten die 30 untersuchten Start-ups eine Bewertung von vier Sternen für den internen Informationsaustausch in ihrer Firma. Der Mittelwert bei den 30 Dax-Unternehmen lag hingegen nur bei 3,5 Sternen. Die bestplatzierten Dax-Unternehmen sind SAP (4,3), Infineon (3,9) und Beiersdorf (3,8). Am schlechtesten unter den betrachteten Start-ups schneiden das Fintech-Unternehmen N 26 (3,1) und Auto 1 (2,8) ab. Bei den Dax-30-Konzernen landen Vonovia (3,1) und der Dax-Neuling Delivery Hero (2,8) auf den letzten Plätzen.

Diese Ergebnisse basieren auf der Analyse von mehr als 48.500 Bewertungen von Mitarbeitenden der Dax-30-Konzerne und der 30 wichtigsten deutschen Start-ups auf der Plattform Kununu in der Kategorie „interne Kommunikation". Stichtag war der 21.Januar 2021.

© Springer Fachmedien Wiesbaden GmbH, ein Teil von Springer Nature 2022 29
A. Amerland et al., *Best of springerprofessional.de: Management + Führung*,
essentials, https://doi.org/10.1007/978-3-658-39462-2_8

Plötzlich hat die Mitarbeiterkommunikation Priorität

Ein Grund, warum die Beschäftigten der Dax-Unternehmen die interne Kommunikation im Schnitt schlechter beurteilen, dürfte in dem seit der Corona-Pandemie gestiegenen Bewusstein für die Wichtigkeit der internen Kommunikation liegen – und der Erfahrung, dass hier Verbesserungsbedarf besteht. So tun sich traditionelle Firmen zum einen oft schwer mit den digitalen Kommunikationskanälen. Zum anderen sind sie teilweise in einer Unternehmenskultur verhaftet, deren Kommunikationsgepflogenheiten gerade jüngere Mitarbeitende unbefriedigend finden. Auch das typische Firmen-Intranet, das vorwiegend verlautbart, statt die Beschäftigten in die Kommunikation einzubeziehen, hilft da wenig weiter.

„Unternehmen müssen auf starke Kollaborationswelten und ein kraftvolles Content Management-System setzen, die digitalen Arbeitsabläufe intuitiv und einfach gestalten und alle Arbeitnehmer:innen, ob Desktop- oder Frontline-Worker, gleichermaßen einbinden und erreichen." Kevin Hähnlein, Digital Workplace Lead der Region DACH bei Unily.

Es fehlt an (personellen) Ressourcen

Doch wie packt man die interne Kommunikation an, um sie digitaler und zufriedenstellender zu gestalten? Hinweise liefert die Studie „Benchmarking Digitale Mitarbeiterkommunikation 2020" der Universität Leipzig und des App-Anbieters Staffbase. Hierfür wurden von Oktober 2019 bis Februar 2020 mehr als 370 Kommunikationsverantwortliche zu den Herausforderungen und Erfolgsfaktoren der digitalen Mitarbeiterkommunikation befragt. Und das sind die wichtigsten Studienbefunde:

- Die größte Herausforderung sehen die Befragten in der Erreichbarkeit der gesamten Mitarbeiterschaft und ihrem unterschiedlichen Nutzungsverhalten. Zudem fehle es an Ressourcen für die interne Kommunikation.
- Häufig decken sich die von den Kommunikatoren präferierten Themen nicht mit den Inhalten, die bei den Mitarbeitenden besonders beliebt sind.
- Die Quellen für die Themenfindung haben einen positiven Einfluss auf die Beliebtheit der Themen bei den Beschäftigten und den Erfolg der Mitarbeiterkommunikation. Vor allem in Führungskräften und Mitarbeitenden anderer Abteilungen steckt Potenzial als Ideengeber.
- Die Content-Erstellung durch nicht-professionelle Kommunikatoren erhöht die Authentizität und animiert andere Organisationsmitglieder zur Interaktion. Das birgt aber neue Herausforderungen für die Kommunikationsverantwortlichen.

- Moderne Plattformen wie Social Intranets, Mitarbeiter-Apps und Digital Signage beeinflussen den Erfolg der digitalen, internen Kommunikation signifikant positiv. Aber die größte Reichweite haben in den meisten Organisationen immer noch E-Mails.
- Die Evaluation der digitalen Mitarbeiterkommunikation wird vielfach stiefmütterlich behandelt.

Exzellenzfaktoren für herausragende digitale Mitarbeiterkommunikation
Anhand der Befragungsergebnisse hat das Forschungsteam fünf Exzellenzfaktoren identifiziert, die herausragende von durchschnittlicher digitaler Mitarbeiterkommunikation unterscheiden:
Das zeichnet exzellente digitale Mitarbeiterkommunikation aus

1. Investition in Mitarbeiter für die digitale Mitarbeiterkommunikation
2. Nachfrageorientierte Priorisierung von Themen
3. Intensive Nutzung besonderer Gestaltungsformen wie Videos, Visualisierungen und Storytelling
4. Nutzung moderner Plattformen, insbesondere Mitarbeiter-Apps und Social Intranets
5. Datengestützte und systematische Evaluation der digitalen Mitarbeiterkommunikation

Quelle: „Benchmarking Digitale Mitarbeiterkommunikation 2020", Universität Leipzig/Staffbase.
Bei aller Begeisterung für den Nutzen neuer medialer Lösungen sollte allerdings nicht vergessen werden, dass die Inhalte Priorität haben. Und dafür sei nicht nur journalistisch-professionelles Know-how erforderlich, sondern auch eine klare Positionierung aller internen Medien, betont Kristin Engelhardt in dem Buchkapitel „Kulturwandel in der Internen Kommunikation". (Seite 2).
Interne Kommunikation strategisch angehen
Die Kommunikationsberaterin und Springer-Autorin Andrea Montua geht noch einen Schritt weiter und rät zu einer „Strategie als Kompass jeder Internen Kommunikation". Schließlich müsse die interne Kommunikation das große Ganze ebenso im Blick haben, wie die operative Umsetzung von Maßnahmen und die Tools.

Montua zufolge beinhaltet die strategische Planung der Mitarbeiterkommunikation folgende Aspekte (Seite 33):

- Orientierung an den Unternehmenszielen und der Vision des Unternehmens
- Kenntnis der Zielgruppen und ihrer Bedürfnisse
- Abstimmung des Medienmixes und der Inhalte auf diese Bedürfnisse
- Definition der messbaren Ziele und Orientierung der Maßnahmen daran
- Hinterfragen und Nachjustieren der Strategie

Zur Nachverfolgung der enthaltenen Literaturhinweise siehe: https://www.spr ingerprofessional.de/interne-kommunikation/informationsmanagement/wie-exzell ente-mitarbeiterkommunikation-heute-gelingt/18884938.

Warum Veränderungsprojekte eine Change Story brauchen

Andrea Amerland

In Veränderungsprozessen ist Kommunikation der Erfolgshebel. Dass sollte sich in den Chefetagen herumgesprochen haben. Ein Irrtum. Auch 2020 scheinen Führungskräfte keine Ahnung von gelungener Change-Kommunikation zu haben, geschweige denn von einer guten Change Story.

„Kommunikation kann ich. Ich habe doch studiert." Solche Sätze aus dem Mund einer Führungskraft sind keine Fiktion, sondern bittere Realität, berichten Mitarbeiter nicht eben selten auf den einschlägigen Arbeitgeberbewertungsportalen. Auch eine Online-Befragung der DPA-Tochter News aktuell zusammen mit der PR-Agentur Faktenkontor unter 550 PR-Fachkräften bestätigt, wie sehr Chefs die Wichtigkeit von Change-Kommunikation unterschätzen.

Wie Führungskräfte und Beschäftige Change-Kommunikation bewerten

Demnach tut sich bei der Umsetzung ein Graben zwischen Führungskräften und Beschäftigen auf. Die befragten Kommunikationsexperten machen vor allem Top-Down-Ansätze für eine misslungene Change-Kommunikation verantwortlich. Mehr als die Hälfte der PR-Manager kritisieren, dass Mitarbeiter zu wenig in Veränderungsprozesse eingebunden werden (57 %). Fast ebenso oft bemängeln sie, dass Führungskräfte zu selten ihre Vorbildfunktion ausfüllen und Wandel selbst vorleben (56 %). Zudem sei die interne Kommunikation vorwiegend auf „Senden" und weniger auf „Dialog" ausgerichtet.

Dabei sollte die Kommunikation eine Kern-Kompetenz von Führungskräften sein, um Veränderungen und agile Transformationen bewältigen zu können, schreiben Axel Kaune und Ariane-Sissy Wagner über Change Communication. „Je radikaler die Veränderung – desto höher der Anspruch an die Qualität der Kommunikation", definieren die Springer-Autoren als Regel. Die beiden Kommunikationsberater empfehlen, die Vermittlung nicht hinten anzustellen, sondern gleich zu Beginn eines Veränderungsprojektes eine Strategie dafür mitzudenken und eine entsprechende Change Story zu entwickeln, die alle Stakeholder im Blick hat (Seite 496).

Leitfaden für eine wirksame Veränderungskommunikation

Kaune und Wagner definieren einen methodischen Regelkreis, der Hilfestellung und Orientierung bieten soll, um nicht den Überblick zu verlieren und alle Perspektiven des Change-Prozesses im Auge zu behalten:

- Frühzeitig kommunikative Projektrisiken erkennen – grobes Timing planen,
- Change Story entwickeln,
- notwendige Ressourcen frühzeitig planen,
- kritische Stakeholder im Blick behalten,
- Erstinformation für interne und externe Stakeholder rechtzeitig vorbereiten,
- das kommunikative Ziel aller Projektverantwortlichen heißt: Das „Prinzip Umdenken leben und zwar in allen relevanten Interessengruppen.

Stoytelling und Botschaften statt nur Change-Fakten.

Auch Andrea Montua betont, wie entscheidend das Storytelling für ein gelungene Change-Kommunikation ist. Im Buchkapitel „Veränderung ist der neue Alltag – auch in der Internen Kommunikation", erklärt sie, warum die Change Story Anker und Veränderungsbotschaft zugleich ist. „Wer Mitarbeiter erreichen, sie überzeugen und begeistern will, muss den Weg in ihr Herz finden. Und das gelingt auch im Kontext ‚Arbeit‘ am besten über perfektes Storytelling", erläutert sie auf Seite 84. Das gelinge nicht, wenn das Management einfach nur Fakten aneinanderreihe. Vielmehr sollten sie mit einer klug komponierte Change Story Botschaften vermitteln, „die hängen bleiben und im wahrsten Sinne des Wortes bewegen." Mit folgenden Leitfragen können Führungskräfte und Kommunikationsabteilungen eine entsprechende Geschichte entwickeln (Seite 85):

- Welche Botschaft soll vermittelt werden?
- Ist Wachstum das große Ziel? Oder Diversifkation? Oder müssen wir uns bestimmten Marktgegebenheiten anpassen?
- Was genau ist es, das die Veränderung hervorbringt?
- Und wie wollen wir das schaffen? Welche Hindernisse gilt es auf dem Weg dorthin zu bewältigen?
- Wovon müssen wir uns verabschieden auf dem Weg und womit werden wir am Ende belohnt?

Zu wenig Change-Kommunikation durch das Management

Dass es bei Veränderungen zumeist an den oben genannten Faktoren mangelt, bestätigt auch die Online-Umfrage von News aktuell. Demnach monieren vier von zehn befragten Kommunikationsexperten, dass in Unternehmen noch zu häufig eine klare Vision und ein positives Zukunftsbild fehlen, welche die Motive und Ziele der Veränderung beinhalten (41 %). Fast genauso beanstanden sie, dass das Top Management grundsätzlich zu wenig während Change-Prozessen kommuniziert (39 %). Offenbar haben Führungskräfte nicht verinnerlicht, das Veränderungskommunikation Chefsache ist.

Zur Nachverfolgung der enthaltenen Literaturhinweise siehe: https://www.spr ingerprofessional.de/change-management/interne-kommunikation/warum-veraen derungsprojekte-eine-change-story-brauchen/18207700.

Der Business-Dresscode muss neu verhandelt werden

Annette Speck

Der Casual Friday ist spätestens seit Corona passé. Mit der Verbreitung des Homeoffice kleiden sich die Beschäftigten generell legerer für die Arbeit. Nicht jedem Unternehmen passt das. Wie die Rückkehr zum Normalbetrieb gelingen kann.

Wer schon lange vor Corona regelmäßig oder ausschließlich im Homeoffice arbeitete, erhielt meist den Rat: Auch zuhause lieber frisch geduscht und korrekt gekleidet an den Arbeitsplatz setzen. Diese Disziplin fördere das Selbstbewusstsein und die professionelle Ausstrahlung, was nicht nur bei Videomeetings, sondern selbst bei Telefonaten spürbar werde.

Oben hui, unten pfui?

Nichtsdestotrotz hat sich im heimischen Büro ein eher lässiger Job-Dresscode entwickelt. Solange das Styling obenrum im Kamerablickfeld stimmt, interessiert das Outfit unterm Tisch wenig – vorausgesetzt, man steht nicht bei laufender Kamera auf.

Die Modebranche hat den Casual-Büro-Trend umgehend aufgegriffen. Fashionlabels präsentieren bequeme Business-Outfits, bei denen beispielsweise stylische Jogginghosen oder Kapuzenpullis mit Blazer oder Jackett kombiniert werden. Glaubt man dem Trendanalysten des Deutschen Modeinstitutes, Carl Tillessen, ist der Anzug der große Verlierer der Corona-Krise. Davon werde er sich nie mehr erholen, zitiert ihn die „Süddeutsche Zeitung". Die Krawatte haben viele Stilberater und auch Manager ohnehin längst abgeschrieben.

Dresscode wird zum Wertekonflikt

Gleichwohl kommt die Bearingpoint-Studie „Bürokleidung der Zukunft – was trage ich morgen im Büro?" zu dem Schluss, dass Anzug und Kostüm als Business-Dress keineswegs ausgedient haben. Allerdings zeichne sich mit der Rückkehr der Angestellten in ihre Arbeitsstätten ein Wertekonflikt um die

A. Amerland et al., *Best of springerprofessional.de: Management + Führung*, essentials, https://doi.org/10.1007/978-3-658-39462-2_10

Arbeits- und Bürokultur ab, heißt es in der Untersuchung, für die zwischen August 2021 und Februar 2022 über 1000 Bürobeschäftigte in der DACH-Region befragt wurden und an Workshops und Diskussionsrunden teilnahmen.

Viele Menschen bevorzugen inzwischen einen lockeren Kleidungsstil im Job und verbinden damit die heutige digitale und agile Arbeitswelt. Der Professor für Medienmanagement, Thomas Breyer-Mayländer, verweist etwa auf den Axel-Springer-CEO Mathias Döpfner, der sich schon vor Jahren auf einer Geschäftsreise ins Silicon Valley im Hoodie ablichten ließ. Dabei gehe es „auch um eine neue Form der Nahbarkeit für die Mitarbeitenden der Generation Y und deren Erwartungshaltung", schreibt Breyer-Mayländer über den Zusammenhang von Dresscode und Erwartungen. (Seite 85/86).

Höhere Tagessätze für formal gekleidete Berater

Hingegen fürchten Anhänger des klassischen Business-Looks laut der Bearingpoint-Studie negative Auswirkungen für die Performance von Unternehmen durch den Freizeitkleidungsstil bei der Arbeit. So halten beispielsweise vier von fünf Befragten einen höheren Tagessatz für externe Berater allein dadurch für gerechtfertigt, dass diese formal korrekt gekleidet sind. Die tradierten Denkmuster, dass klassische Business-Kleidung Seriösität, Kompetenz, eine höhere Stellung und Macht bedeutet, wie Springer-Autor Breyer-Mayländer in seinem Buch „Erfolgsfaktor Macht im Management" erklärt, bestehen also durchaus fort.

Nichtsdestotrotz wollen 62 % der Befragten auch im Büro künftig T-Shirts und Sweater tragen. Und nur noch zwei Prozent können sich vorstellen, täglich mit Krawatte oder Halstuch bei der Arbeit aufzutauchen. Der Rückgang der jährlichen Ausgaben für Bürokleidung unterstreicht die Veränderungen: Gaben Beschäftigte im Jahr 2019 im Schnitt noch 1176 € für Business-Kleidung aus, waren es 2020/2021 nur noch 480 €. Vielen Berufseinsteigern im Homeoffice fehlten zudem die sozialen Vorbilder, so die Studie. Daher verfügt nicht einmal jeder Vierte von ihnen über Business-Kleidung, die auch für sehr formale Termine geeignet ist.

Führungskräfte müssen sich mit Dresscode befassen

Alexander Schmid, Executive Advisor bei Bearingpoint und Leiter der Studie sieht die Problematik so: „Das Dresscode-Dilemma drückt sich vor allem in Arbeitssituationen mit externen Geschäftspartnerinnen und -partnern aus. Der Büro-Dresscode muss dann mit dem post-pandemischen Kleidungs- und Arbeitsverständnis im Grunde Unvereinbares irgendwie zusammenbringen." Auf diese Führungsaufgabe seien aber viele Unternehmen bislang nicht vorbereitet. Hinzu kommt die – angesichts des verbreiteten Fachkräftemangels gravierende – Befürchtung, dass ein strenger Business-Dresscode Mitarbeitende vergrault und Bewerbende abschreckt.

Höchste Zeit also für Organisationen, ihre bisherigen Business-Dresscodes auf den Prüfstand zu stellen. Für den Weg ins „New Normal" stellt die Studie folgende Ansätze vor:

Entwicklung neuer Business-Dresscodes	
Anlassbezogene Dresscodes/Smart Dresscode Contracts	Dresscodes werden anlassbezogen (= smart) bestimmt und gemeinsam mit der Belegschaft ausgehandelt (= contract), damit kein Widerspruch zwischen einem Casual im Homeoffice und einem Semi Formal Business im Termin mit den Geschäftspartnern besteht
Dresscode-Diskussion mit den Mitarbeitenden	Es müssen Anreize für die verschiedenen Typen der Bürokleidung bestimmt werden, um die Akzeptanz für die anlassbezogene Wahl der Bürokleidung sicherzustellen und auch die Ausgabe-Bereitschaft der Beschäftigten für Bürokleidung wieder zu erhöhen
Dresscodes für die hybride Arbeitswelt	Die Bürokleidung muss die kulturell in der Organisation angestrebte Wertigkeit auch ausdrücken, wenn Mitarbeitende im Büro und im Homeoffice zusammenarbeiten und sich gegebenenfalls nur bei Videomeetings sehen. Arbeitgeber müssen ihre Mitarbeitenden im Homeoffice technisch so ausstatten, dass sie daran auch sichtbar teilnehmen können

Quelle: "Bürokleidung der Zukunft – was trage ich morgen im Büro?", Bearingpoint, 2022

Zur Nachverfolgung der enthaltenen Literaturhinweise siehe: https://www.spring erprofessional.de/unternehmenskultur/change-management/der-business-dressc ode-muss-neu-verhandelt-werden/23084004.

Der Nachwuchs sucht das Glück

Michaela Paefgen-Laß

Nach mehr als zwei Jahren Pandemie haben Mitarbeitende erkannt: Das eigene Seelenheil ist wichtiger als die Karriere. Darauf müssen Arbeitgeber nun reagieren. Als besonders harte Nuss dürften sich die jüngsten Beschäftigten erweisen.

Lieber arbeitslos als unglücklich, so lässt sich eines der Teilergebnisse der Randstad-Studie „Workmonitor 2022" schlagzeilenhaft zusammenfassen. Beschrieben wird damit die Einstellung zu Job und Karriere der Generation Z (18 bis 25 Jahre): 41 % der Befragten aus dieser Altersgruppe sind bereit zu kündigen, sobald der Job sich nicht mehr mit dem Privatleben vereinbaren lässt und 40 % würden die Arbeitslosigkeit einem freudlosen Arbeitsalltag vorziehen. Damit machen die jüngsten Teilnehmer am Markt klar, dass sie sich eine Entscheidungsfreiheit gestatten, die ihren zur Generation X zählenden Eltern geradezu unerhört erscheinen muss. Unter den 55-Jährigen würde nämlich nur ein Viertel das private Glück vor die Karriere stellen.

Lieber jetzt glücklich sein

Verständnis für das, was junge Talente am Arbeitsmarkt schreckt, ihre Lebenssehnsüchte und ihre Angst, in einer 40-h-Woche zu versacken, zeigt Spiegel-Autorin Lea Schönborn in einem Kommentar, der Ende Mai die Sozialen Netzwerke spaltete. Unter dem Titel „Teilzeit ist nicht gleich Aperol-Zeit" schreibt sie: „Wir Jungen haben einen Vorsprung, weil wir wissen, wie wir nicht leben wollen. Wir haben gesehen, wohin es führt, wenn sich unsere Eltern kaputt arbeiten: Burn-out und sehnsüchtiges Warten auf die Rente. Deshalb wollen wir lieber jetzt glücklich sein."

Schönborn bezieht sich in ihrem Kommentar auch auf die Ergebnisse der Studie des niederländischen Personaldienstleisters. Die Umfrage unter 35.000

© Springer Fachmedien Wiesbaden GmbH, ein Teil von Springer Nature 2022
A. Amerland et al., *Best of springerprofessional.de: Management + Führung*, essentials, https://doi.org/10.1007/978-3-658-39462-2_11

Arbeitnehmern in 34 Märkten zeigt, worum es der Generation Z und den Millennials (25 bis 34 Jahre) wirklich geht. Sie suchen nach Arbeit, die Sinn stiftet und sie erfüllt. Sie erwarten, dass Arbeitgeber ihr Werteverständnis teilen und ihnen die Möglichkeit geben, sich zu verbessern. So ist nahezu die gesamte Generation Z (94 %) bereit, sich von einem Karrierecoach nach vorne bringen zu lassen. In der Elterngeneration möchten nur 63 % ihre Karriere über Gespräche mit einem professionellen Coach neu gestalten. Die Erkenntnisse aus der Studie verraten Unternehmen, bei welchen Schlüsselthemen junge Arbeitnehmende sie zum Handeln auffordern.

Arbeit an das Leben anpassen: Glück

Glück hat die höchste Priorität bei den jüngsten Arbeitnehmenden. Rund 75 % bestätigen dennoch, dass die Arbeit in ihrem Leben eine wichtige Rolle spielt. Das sind deutlich mehr, als in der Gruppe der 55- bis 67-Jährigen (68 %). In Deutschland würden übrigens 44 % aller Befragten kündigen, wenn der Job sie davon abhält, das Leben zu genießen (weltweit 48 %). Die Studienexperten raten Unternehmen, die aus den Homeoffices zurückgekehrten Angestellten nach ihren veränderten Bedürfnissen zu befragen und vor allem jungen Talenten in regelmäßigen Gesprächen den Einfluss des Einzelnen auf den Gesamtauftrag der Organisation wertschätzend zu vermitteln. Flexible Arbeitszeiten, Jobsharing-Möglichkeiten und Fernarbeitsregelungen sind weiter Maßnahmen, mit denen sich an die Ansprüche junger Familien und digitaler Nomaden andocken lässt.

Unternehmens- und eigene Werte: Purpose

Für ein Unternehmen arbeiten, das sich nicht für gesellschaftliche Anliegen wie Gleichheit und Diversität einsetzt, ist für die Hälfte der Generation Z (49 %) ein No-Go. Weniger skeptisch zeigt sich die Elterngeneration der über 55-Jährigen. Von ihnen würden lediglich 33 % nicht für ein Unternehmen ohne gesellschaftliche Verantwortungsübernahme arbeiten. Weniger Gehalt auf dem Konto, wenn die eigene Arbeit die Welt und die Gesellschaft ein bisschen besser macht, das für 42 % der Generation Z vorstellbar – auch hier hinkt die Generation Ü 55 hinterher (25 %). Unternehmen sind also gut beraten, wenn sie ihre Positionen zu Umwelt-, Sozial- und Governance-Themen überdenken sowie aktualisieren, damit garantiert ist, dass sich die Anliegen der jungen Belegschaft und ihr Wunsch sinnhaft zu handeln, in den Unternehmenswerten spiegeln.

Eigene Entwicklung ankurbeln: Selbstverbesserung

Rasante technologische Entwicklungen fordern die Bereitschaft zum Lebenslangen Lernen von Arbeitnehmenden aller Altersklassen und Berufssparten. Dem stellt sich die Gesamtheit der Befragten bereitwillig: 88 % würde an Lern- und Entwicklungsprogrammen teilnehmen, 84 % mit einem Karrierecoach sprechen und 48 % die eigenen Soft Skills gerne verbessern. Doch wieder zeigt sich die jüngste Generation besonders engagiert. Von den 18- bis 24-Jährigen gaben nur fünf Prozent an, kein Interesse an Lern- und Entwicklungsprogrammen zu haben. Bei den 55- bis 67-Jährigen lehnten 28 % Bildungsangebote ab. Und während nur sechs Prozent der jüngsten Arbeitnehmenden meinen, keine Karrierecoaching zu benötigen, hielten 37 % der ältesten Arbeitnehmenden solche Programme sogar für überflüssig.

Junge Talente brauchen Arbeitgeber, die ihre persönliche und fachliche Entwicklung fördern, sie auf Zukunftskompetenzen vorbereiten und ihre Qualifikationslücken schließen. Anders als die Babyboomer und die Generation X lernt die Gen Z allerdings nicht primär durch Erfahrung und Experiment. Sie legen eine höher Präferenz für abstrakte Konzeptualisierung und reflektierende Beobachtung an den Tag. „They seem to need theories and concepts much more than the mainstream stereotype suggests", so das Fazit einer Studie über die bevorzugten Lernformate der Generation Z (Seite 63). Die Altersgruppe zwischen 18 und 24 Jahren braucht Informationen, die logisch, gültig und gut durchdacht sind. Ausbildern wird geraten, ihnen einen soliden theoretischen Rahmen zu bieten, innerhalb dessen sie die Realität analysieren, interpretieren und bewältigen können (Seite 64).

Von der Pandemie ins Arbeitsleben

Mit der Generation Z betritt eine Gruppe junger Leute ins Erwerbsleben, die durch die Covid-19-Pandemie über zwei Jahre hinweg von der Peergroup abgeschottet, virtuell studiert, auf Auslandsemester oder das Gap Year verzichtet und Ausbildung oder Praktika unter erschwerten Bedingungen erlebt hat. Typische Entwicklungsaufgaben am Übergang von der Jugend ins Erwachsenenleben waren unter neuen Rahmenbedingungen zu bewältigen, beschreibt Springer-Autor Martin Klaffke die Charakteristika der nachrückenden Beschäftigten-Generationen (Seite 103).

Anders als Millennials zuvor, sei die Generation Z gefordert, mit einer zunehmenden Grenzenlosigkeit an Handlungs- und Konsumalternativen in der analogen und virtuellen Welt umzugehen. Durch die Pandemie wurde der Wunsch nach Orientierung, Zuverlässigkeit, Loyalität, Familie und Toleranz in einer besseren Welt verstärkt. Personalern rät Klaffke „angemessen auf ihr Streben nach Sicherheit, Wohlbefinden und Planbarkeit ihrer weiteren Lebensbereiche zu reagieren und ihren Bildungsaspirationen mit systematischer betrieblicher Qualifizierung zu entsprechen" (Seite 118).

„Überzeichnend, erinnert diese Vorstellung an die Flucht ins Privat-Idyll und die Betonung der Häuslichkeit der Biedermeierzeit. [...] Sehnsucht nach sozialer Geborgenheit und Akzeptiertsein implizieren ferner das Streben nach einem harmonisch-behaglichen Miteinander im betrieblichen Alltag. " (Martin Klaffke).

Woran die Gen Z sich binden lässt

Die junge Generation ist lernwillig und neugierig. Sie sucht nach Sinn, Orientierung und Halt. Ihr Streben gilt einer Arbeit, die dem Sehnen nach optimalen Work-Life-Bedingungen nachkommt und etwas bewirkt. Das reißerische „lieber arbeitslos als unglücklich" muss relativiert werden. Die Randstad-Studie stärkt vor allem die Annahme, dass junge Menschen nicht einfach nur zum Broterwerb arbeiten und sich für die Karriere abrackern, sondern sich gleichermaßen für eine bessere Lebens- und Arbeitswelt einsetzen wollen.

Bequem ist das nicht: weniger Geld, mehr Lern- und Coachingaufwand, die Ungewissheit, die mit jedem Jobwechsel einhergeht und dem eigentlichen Wunsch nach Geborgenheit widerspricht. Die Generation Z ist genaugenommen sehr bindungsbereit – sie bindet sich an Werte, Ziele und Aufgaben, aber nicht an Arbeitgeber, die ihre veränderten Ansprüche und ihre neue Lebensrealität entweder verschlafen oder ignorieren.

Zur Nachverfolgung der enthaltenen Literaturhinweise siehe: https://www.spr ingerprofessional.de//karriere/mitarbeitermotivation/der-nachwuchs-sucht-das-glu eck/23087920.

Warum Unternehmen Werte brauchen

Andrea Amerland

Unternehmenswerte schaffen intern wie extern Orientierung. Dies ist inbesondere in wirtschaftlich unruhigen Zeiten für Bewerber und Mitarbeiter wichtig. Wie Unternehmen ihre Werte definieren und leben können.

Unternehmenswerte werden immer wichtiger, zeigt eine Umfrage der Unternehmensberatung Pwc, für die 3000 Familienunternehmen aus 53 Ländern, davon 171 aus Deutschland, befragt wurden. Demnach verfügen rund drei Viertel der berücksichtigten Familienunternehmen über entsprechende Werte. Sie setzen diese Ethik aber nicht immer proaktiv ein. Nicht einmal die Hälfte von ihnen nutzt die sogenannten Company Values, um die eigene Bekanntheit im Markt zu steigern. Das sei eine verpasste Chance im „War for Talents", heißt es in der Studie. International kommunizieren dagegen 73 % der Befragten ihre Werte bei der Bewerbersuche und nutzen somit ihre Unternehmenskultur im Employer Branding als Marke.

Arbeitgeber punkten bei Bewerbern mit Wertedefinition

Die meisten Unternehmen schreiben sich bislang aber eher traditionelle Werte auf die Fahnen. So stehen Ehrlichkeit, Integrität, Nachhaltigkeit, Respekt und Mitarbeiterorientierung besonders hoch im Kurs, zeigt die Pwc-Studie. Auch wenn beispielsweise Digital Natives sich eher durch eine Unternehmenskultur, die für Flexibilität und eine gute Fehlerkultur steht, angesprochen fühlen, wünschen sich Arbeitnehmer generell eine klare Wertedefinition.

So spielt die Unternehmensphilosophie bereits im Bewerbungsprozess eine wichtige Rolle, zeigt eine Studie der Job- und Recruiting-Plattform Glassdoor, für die 5000 Angestellte und Jobsuchende in Deutschland, Frankreich, Großbritannien und den USA befragt wurden. Fast drei Viertel (73 %) der Befragten würden sich demnach nicht bei einem Unternehmen bewerben, dessen Werte nicht mit den eigenen übereinstimmen. 89 % halten es zudem für wichtig, dass sich ein

A. Amerland et al., *Best of springerprofessional.de: Management + Führung*, essentials, https://doi.org/10.1007/978-3-658-39462-2_12

Arbeitgeber mit einer klaren Unternehmensethik positioniert. 79 % informieren sich laut Studie über das Leitbild einer Firma, bevor sie sich dort bewerben.

Unternehmenswerte schaffen Orientierung für Mitarbeiter

Dass ein ethisches Unternehmensleitbild unerlässlich ist, zeigte bereits 2013 die Untersuchung „International Index of Corporate Values" des Agenturnetzwerks Ecco, für den in fünf Ländern mehr als 3000 Arbeitnehmer zu den Unternehmenswerten befragt wurden. Demnach sind rund 80 % der Deutschen der Meinung, Unternehmen müssen sich mit einem Leitbild positionieren. Rund drei Viertel der Mitarbeiter orientieren sich in ihrem Handeln an den Unternehmensgrundsätzen.

In puncto Interne Kommunikation gibt es allerdings einen Wermutstropfen: Nur jeder zweite Arbeitnehmer in Deutschland kennt die Ethik beziehungsweise das Leitbild seines Unternehmens, so die Studie „Leadership im Topmanagement deutscher Unternehmen" von 2012. Die Unternehmensberatung Rochus Mummert befragte dazu 220 Mitarbeiter großer und mittelständischer Unternehmen. In überdurchschnittlich wachsenden Firmen gaben hingegen 71 % der Mitarbeiter an, dass die Unternehmensethik kommuniziert und ausgeführt werde. Werte und Normen können sich also positiv auf Leistung auswirken.

Unternehmensethik nicht top-down erarbeiten

Doch woran liegt es, dass viele Unternehmen zwar ihr Leitbild definieren, dieses aber ihren Beschäftigten nicht explizit vermitteln? Eine mögliche Erklärung gibt Astrid Nelke, Professorin für Unternehmenskommunikation und Innovationsmanagement an der FOM Berlin, im Gespräch mit Springer-Autor Andreas Steffen:

„Beschäftigte klein halten bezüglich Informationen, patriarchale Herrschaftsstrukturen einführen oder ausbauen – und bloß keine Visionen entwickeln! Und am allerbesten: Sämtliche Neuerungen im Unternehmen zuerst über die Presse kommunizieren. Leider sieht man genau das recht häufig in der Praxis. Und noch etwas: Wenn die Erarbeitung von Unternehmenswerten ausschließlich top-down geschieht, dann kann man sich zu 95 % sicher sein, dass man sich damit keinen Gefallen tut. Gleichzeitig glaube ich, dass viele Unternehmen ihre eigenen Werte nicht wirklich kennen. Daher können die Beschäftigten diesen Werten oft auch gar nicht zustimmen oder sich daran orientieren." (Employer Branding für uns selbst, Seite 124).

(Siehe Abb. 1).

Corporate Values als übergeordnetes Referenzsystem

In der heutigen Zeit gewinnt Werteorientierung angesichts der Erwartung von Kunden oder Bewerbern, dass Unternehmen verantwortungsvoll handeln sollten, eine größere Wichtigkeit und Relevanz. Unternehmenswerte sind dabei die Säulen

Abb. 1 Die Entwicklung von Purpose-geleiteten Unternehmenswerten. (© Ulrike Buchholz, Susanne Knorre: Interne Kommunikation und Unternehmensführung (2019), Seite 60.)

der Unternehmenskultur und dienen als Standards und Leitlinien für das Handeln von Mitarbeitern. „Unternehmenswerte [….] sind die im Austausch mit der Unternehmensumwelt durch Kommunikation herausgebildeten Präferenzstrukturen", schreibt Katharina Janke in einem Buchkapitel zum Thema (Seite 81). Coporate Values dienen dabei als Ziel, Maßstab oder Kriterium, „als übergeordnetes, situationsübergreifendes, objektunspezifisches Referenzsystem" und werden fest im Bewusstsein von Mitarbeitern verankert und besitzen:

- eine kognitive (Wissen über den Unternehmenswert),
- emotional affektive (Beurteilung des Unternehmenswertes an sich) und
- konative (mittelbare Verhaltensbeeinflussung durch den Unternehmenswert) Dimension.

Werteorientierung als Leitlinie für das Handeln
Bereits 2009 griff Ralph Berndt das Thema der Wertevermittlung im Unternehmen auf. Im Buchkapitel „Wie kollektive Werte dem Unternehmen zu einer nachhaltigen Performance Culture verhelfen können", betont er, wie wichtig solche Prinzipien als Richtschnur sind. Denn Verhaltensnormen und ethische Grundregeln dienen als Standards und Leitlinien für das Handeln von Mitarbeitern. Vor allem für die junge Generation bieten Unternehmenswerte laut Berndt in wirtschaftlich unsicheren Zeiten Orientierung für das Handeln und Tun. Die

Unternehmenswerte, die sogenannten „Core Values", haben aber nur Erfolg, wenn:

* Führungskräfte diese ständig vorleben, kommunizieren und sie Daily Business werden lassen,
* Verhalten und Charakter festgeschrieben sind (Instrumental Values),
* sie auch in Krisen Bestand behalten.

Auch wenn keine offiziellen „Core Values" in der Unternehmenskultur festgelegt sind, existieren diese trotzdem, werden durch das soziale Verhalten und den Umgang der Mitarbeiter unterschwellig ausgedrückt und prägen auch die Interne Kommunikation.

Core Values transparent kommunizieren

Eine große Rolle bei der Frage, ob ein Wertekodex in Unternehmen auch gelebt wird, spielt die Kommunikation. Dabei könne nicht mehr nach „interner und externer Kommunikation unterschieden werden" (Seite 176), so Simone Menne. In einem Buchkapitel über „Unternehmenskultur" verweist die Springer-Autorin darauf, das Informationen für Kunden gleichzeitig auch Mitarbeitern und Investoren zur Verfügung stehen. Zudem sorgten die sozialen Medien für eine schnelle Verbreitung von Unternehmensinformationen.

„Die Kommunikation muss im Sinne der Unternehmenskultur möglichst schnell und transparent insbesondere aber auch widerspruchsfrei zu den Unternehmenswerten und Ziele erfolgen", erklärt Menne. Neue Medien könnten die Unternehmenskultur dabei verstärken, wenn Mitarbeiter mit in die Verbreitung einbezogen werden. Der Vorteil: Die Kommunikation wirke auf diese Weisen in beide Richtungen. „Mitarbeiter sind an der Unternehmensgestaltung beteiligt und identifizieren sich stärker mit den Zielen und den Ergebnissen. Gleichzeitig lassen sich so Innovations- aber auch Entscheidungsprozesse beschleunigen, da möglichst vollständige und relevante Informationen auf allen Ebenen verfügbar sind", so Menne weiter.

Zur Nachverfolgung der enthaltenen Literaturhinweise siehe: https://www.spr ingerprofessional.de/unternehmenskultur/fuehrungstools/warum-mitarbeiter-unt ernehmenswerte-brauchen/6602534.

Was Sie aus diesem *essential* mitnehmen können

- Tipps für moderne Führungskonzepte wie etwa Shared Leadership
- Erfolgversprechende Strategien für neue Arbeitsmodelle
- Hilfestellung für erfolgreiche Mitarbeiterkommunikation

© Springer Fachmedien Wiesbaden GmbH, ein Teil von Springer Nature 2022
A. Amerland et al., *Best of springerprofessional.de: Management + Führung*,
essentials, https://doi.org/10.1007/978-3-658-39462-2

Printed in the United States
by Baker & Taylor Publisher Services